푸른 시와 시인

박영배 시집

회향 廻向

빛나는 시정신을 꼼꼼하게 엮어내는 — 마음

회향廻向

박영배 시집

1판 1쇄 인쇄/ 2025년 6월 15일
1판 1쇄 발행/ 2025년 6월 20일

지은이 / 박영배
펴낸이 / 우희정
펴낸곳 / 도서출판 마음

등록 ‖ 1993년 5월 15일 제3001-1993-151호
주소 03073 서울 종로구 성균관로5길 39-16
전화 ‖ (02) 765-5663, 010-4265-5663

값 14,000원

*잘못된 책은 바꿔 드립니다.

ISBN 978-89-8387-372-9   03810

회 향

박영배 시집

마을

시인의 말

어린 청개구리 한 마리 달래며
웅얼거리고 있을
개울 건너, 자칫 눈 맞추려 용을 쓰다가
굽이쳐 흘러
먼 곳이 되고 만다는
……
그 산개나리가
늦꽃을 피운다는 말들이 있었다.

2025년 여름
박 영 배

· 시인의 말
· 해설 ― · 김현숙

1부 의림지에서

의림지에서 ― · 12
의림지에서 2 ― · 13
의림지에서 3 ― · 14
의림지에서 4 ― · 15
의림지에서 5 ― · 16
의림지에서 6 ― · 17
의림지에서 7 ― · 19
의림지에서 8 ― · 20
의림지에서 9 ― · 21
의림지에서 10 ― · 23
목어 ― · 24
신월동 근처 ― · 25
시인의 고향 ― · 26
머뭇거리는 작별들에게 ― · 28

2부 다시 바닷가 주막

황간역에서 — · 30
새벽 강 — · 32
그런 사람이 있습니다 — · 33
새 — · 34
탑석초 — · 35
빨래 — · 36
다시 바닷가 주막 — · 38
나비가 온다면 — · 39
종일 안부만 묻네 — · 40
서천행 — · 41
시 쓰는 밤 — · 42
나목의 거리 — · 43
화양연화 — · 44
소설가를 만나러 갔다 — · 46

3부 겨울 속초

화해 ─ · 48
돼지갈비 먹는 법 ─ · 50
세한도 ─ · 52
정선 오일장 서는 날 ─ · 53
삽화 ─ · 54
겨울 속초 ─ · 55
진눈깨비 ─ · 56
수정 ─ · 58
징검돌 ─ · 60
꽃 진다 ─ · 61
하물며 ─ · 62
갯바위 ─ · 63
올챙이국수 ─ · 64
탐석초 2 ─ · 65

4부 샤크콜러

비 오는 날의 소묘 ― · 68
질투 ― · 69
아내는 무당파 ― · 70
노시인 ― · 71
담쟁이 ― · 72
틈 ― · 73
연에 대한 기억 ― · 74
세한도 2 ― · 75
뒤로 걷는 노인 ― · 76
샤크콜러 ― · 78
성화 ― · 79
만추 2 ― · 80
만추 3 ― · 81
동행 ― · 82

5부 산밤은 여물었나요?

어머니의 꽃밭 — · 86
첫눈 2 — · 87
앓는 저녁 — · 88
개울가에서 — · 89
산밤은 여물었나요? — · 90
봄가물 — · 91
찔레꽃 필 무렵 — · 92
요양병원에서 — · 93
젖 떼는 날 — · 94
새벽 빗소리 — · 95
꽃자리 2 — · 96
8월의 안부 — · 98
이 가을엔 못 간다 — · 100
그믐달 2 — · 102

1부

의림지에서

의림지에서

— 회향廻向

 햇볕이 눈동냥하며 가물대는 봄날이다 낯이 설은 청와
靑蛙 한 마리가 겁 없이 밑 깊은 못물에 연잎 한 장 띄
워놓고 주저앉아 염불 외는 시늉이나 한다고 해 떨어져
울대 부풀면 못 둑으로 튀어 올라 물때 절은 시줏돈 세
면서 통통 부어오른 눈두덩이 문지르며 웃는 듯 우는 듯
하다고 두런거릴 거 없다 도성 안쪽 어디 저잣거리에서
공술로 술배 채우며 빈둥거리던 그것이 냅다 빈 바랑 하
나 걸머지더니 공덕이라도 낚아 나머지 팔자 바꿔보겠다
며 폴짝폴짝 물소리 쫓아 탁발수행 떠나더라 입 싸게 전
해오는, 겨울 지나 시작된 발이 아픈 생生이었느니.

의림지에서 2

다릿재 넘으니
길 막고 서서 돌산 하나 키 늘인다
처녀치마꽃 통치마 꼬리에 홀려
보라색 귓불 조몰락거리며 된비알을 오른다
도둑비 맞고 웃자란 길섶 개똥쑥들이
뒷일 누가 알것어, 빈정거린다
이제는 늦단풍 와도 돌보는 이 없는
고갯마루 넘나드는 모시나비
날갯죽지 생채기는 아물지 않는다
동틀 녘에 으스름달 뜨는
까치산 아래 깊숙이 들앉히고
사랑에 눈먼 산꽃나무 하나 키울 것을
내 온 길 되짚을 봇짐 꾸리는데
뒷산 기슭 늙은 소나무들
골물 말라 여윈 못에 장맛비 불러들이며
공어 떼 돌아오려나
서릿발치면 못물 맑아지려나
그 생각뿐이다.

의림지에서 3

다른 해가 뜨는 소나무 숲 밖으로
한 무리 새 떼가 날아오른다

일순 조용해진 숲에
이른 낙조가 둥지를 튼다

소란함이 일상인 숲에는
언제나 이름 모를 새들이 찾아와
낯선 몸을 비빈다

숲에 어둠이 내리고
달빛 차오르면 새들은 서로
그리운 모습이 된다

그러나 숲은 모른다
새들은 어떤 색깔이 되어 흩어질지

어떤 새들이 또 날아들지.

의림지에서 4

눈 뜬 채 잠들어
봉분은 닳아 옹이로 박힌 무덤가
복사꽃 밤 밝혀 달려올 때

지는 알기나 했으랴
등 붉은 소나무 한 방향으로만
묵은 가지 늘여 놓고 늙어가는 연유를

는개 피어오른 날이면
뻐꾹새 날아와 이슬빛이 고여
속 눈물 삼키며 산 열매 영글고

저녁달 살피려 출근하는 아침
산절 목어木魚 한 마리 너덜길 내달려
골 깊은 파문들 또박또박 익혀갈 때

지는 알기나 했으랴
지분 냄새 가시지 않은 몸뚱이 치훑으며
내 손아귀 악력이 강해지는 연유를.

의림지에서 5
― 버드나무 또는 섬

흰나비 떼
한나절 해 떠밀며 떠밀며
앉아 있는 버드나무 병들은 잎새와 잎새 사이

밤 지나 겨우 생각나지 않을 무렵
물안개 짙어지면
한두 발짝씩
다가서는

내 어린
고향집 돌담에 기대선 고욤나무 닮은
두 팔에
장년長年한

나를 안아 들고
안아 들고

뜬.

의림지에서 6

해 지면
산꽃 몸 말리는 골짜기
너와 달맞이하는 날

울컥 토해낸
땀방울 끌어모아 밤 밝혀 쌓아 둔
못둑
허물 새 없어
너 떠난
나 보이지 않는다

스쳐 지난 바람의 얼굴
기억이라도 할까
새벽달 닮은 아이들
물살 올라 볼록한 배 다 드러낸 채
떼 지어 논다

철 이른
사랑싸움 잦아진

겨울밤
소식 있는가

나는 몰라라 몰라라
못 아래 돌배나무 가지마다
눈꽃 흐드러져 핀다.

의림지에서 7

지나쳐야 했나
발자국 문득 무거워질 때

천사는 줄곧
앞만 보며 가라고 했다

돌멩이 던져 넣으면
바닥 내보인 호수에 파문 이는데

상달을 견딘 산꽃 서넛
젖은 어깨 털며 옷고름 맨다

눈길 돌리는 건
새끼손가락 하나 걸어 놓는

가야지 가야지
등 떠미는 갈바람 소리.

의림지에서 8
— 배론舟論* 가는 길

못물 가물어
당신께 가는 뱃길 막히고
여기저기 누군가 뿌려 놓은 봄볕
깜박 졸다가
졸다가 벌써 겨울인가요?
애초 기약은 없어
아득한 뱃길 서두르다가
당신 아시잖아요
그 주막
주인 여자 따순 손아귀
청국장 끓는 소리는 달려와
달려와 여기 길목에
낯익은 이 마주 앉아 겸상 받고 있어요
새까맣게 눈발은 날려
아시잖아요?
당신께 가는 뱃길 눈빛 시려
노 저을 수 없어.

*충북 제천의 가톨릭 성지(聖地)

의림지에서 9

달빛 내려
배꽃 피어 지던가

주름살 말린 두 뺨
단풍은 짙어 겹겹이 물들여도
난 외면하련다

젖은 눈빛
저토록 파리한 입술로
밥때를 기다리는

물오리 떼든가 어린 참붕어들
난 꿈쩍 않으리

쩡 쩌엉 얼어붙은 울음소리로
헛잠을 깨우는 뒷산

누구뇨 누구뇨
어둠에 깨어 이별의 노래나
퍼 올리는 이

맑아서 깊은
이토록 깜깜한 밤에도 어찌 깊어
더 맑은 호수여.

의림지에서 10

바깥 모산茅山,
빈 비행장에서 놀던 늦해바라기들과 작별하며 용두천변에
버리고 온
그해 저녁해를
새벽달이 주워 씻어놓았다고
못가 내려와 빈둥거리고 있을 피재골
산개나리가
급히 문자를 보내왔다.

목어 木魚

더 머물기도
떠나기도 마뜩잖은

빈 배 속은 다 비워내고
골바람은 비켜만 가고

뒷지느러미 흔들어
녹다 만 잔설이나 쓸어내는

산 아래로
달음박질하는 목탁 소리

아득하여라.

신월동 근처[*]

썰물 진 잿빛 갯벌
소란함 사라진 오후의 숲에는
솔잎 움츠리며 몸 비비는 소리가
빈자리를 채운다

새 떼 흩어진 소나무 숲으로
하늬바람 잦아들면
어느새 붉어진 낙조의 눈빛
주인 떠난 숲에 들어 서성이는
나그네 마음을 달랜다

늘 반복되는 날들이지만
순간에 사라져 자취를 감추면
아쉬운 상념이 아픔으로 흐르고

날 저물어 적막한 숲에서
새 떼 날아간 허공만 바라보다가
더 좁아진 보폭에
나그네는 무거운 발길을 돌린다.

[*] 원제 「기말고사 끝난 오후」

시인의 고향
― 눈 내리는 마을*을 지나며

늘 ―
당신은 큰 아이였습니다
'앵두가 다람다람 열린다' 했고 '아기 다래가
앙글앙글 웃는다' 했죠
당신은 그곳에만 있었습니다
'장작난로에 참나무가 참! 참! 하면
소나무도 소! 소! 한다' 했고 '비구름이
빗방울을 흩뿌리면 쏭당쏭당
기차표를 적셨다' 했죠
당신은 때 없이 애만 태웠습니다
다릿재를 넘었을까
'다듬이 소리가 눈발 사이로 다듬다듬
들려온다' 했고 당신은
'왕겨빛 그리움이죠?' 했죠?
당신은 늘 ―
겨우내 눈발이나 날려 흰 구름이 된 마을
백운白雲의 눈빛에 묻혀 있었죠?
그렇게나 희디흰 당신의

말들 틈에 끼어들어
말꼬랭이 틀어쥐고 나도 내 고향에나 가보려다
그만 말발굽에 호되게 차여
당신 고향께로 나뒹굴었습니다.

*『눈 내리는 마을』: 오탁번(吳鐸蕃) 시인의 시선집(2013)

머뭇거리는 작별들에게[*]

    토요일 오후 낮아진 여고 담벼락 타다가 체육 선생에게 걸려 제 귓불 늘이며 쪼그려뛰기 하던 1학년 3반 이성규에게 할아버지 적적한 손에 딸려 첫 새끼 읍내 장터에 보내 놓고 온종일 사립짝만 바라보던 문간채 어미 소에게 산봉우리 첩첩 누워 잠든 최전방 펀치볼에서 별빛 훔치던 밤 안면도 늙은 어머니 얼굴 찾아내고 주르르 눈물 쏟던 화기분대 2번 탄약수 최종남 이병에게 연구실적 모자라 재임용 떨어진 날 이슬비 앞세워 사회관 연구실 빈 책장 정리하던 근속 4년 차 김 교수와 어린 숫자들에게 아셨을까, 작은 키 앞자리 꿰차고 앉아 입술 붉어 뽀얀 얼굴 독차지하던 4학년 3반 구본선 담임선생님께 그 옆자리 내 빈 공책만 베껴가던 향지리 탱자나무집 서봉원에게 겨울 바다가 보고 싶어 달려간 속초 중앙시장 진숙이네횟집에서 길 멀어 파도 소리 불러 놓고 울먹거리던 그 사람에게.

[*]원제「다시 쓰는 편지」

2부

다시 바닷가 주막

황간역에서

보이지 않는 사람
아침부터 주차장은 만차다
돌아온 건지
또 떠나는 건지
역사 안 좁은 갤러리엔
늙은 백수白水*가
동심童心들 데리고 놀고 있는 사이
길 건너 금강에서 건져 올린
행복식당 올뱅이국으로 어젯밤
숙취나 먼저 풀고
옆집 두바이다방으로 옮겨와
듬뿍 백설탕 넣어 이모가 저어주는
모닝커피로 입가심한다
여기가 저 묻을 자리라고
옷소매 끌어
막 정년 끝낸 선배 불러 내린
최 교수,
그 속 굳혔는지
맑은 해장국에 훌러 끊겨 있던

조상님 말씀 이어보는데
내 어디 있는가
아직 남아 있는 커피
기적 울린다.

*시조 시인 정완영(鄭椀永)의 아호

새벽 강

아무도
어젯밤 일을 말하지 않는다

머물 새 없어 찾아드는 곳

해지면 어둠 지던가
온기 가신 벼랑을 잡고 있었을 뿐

바람 떠나 잔 파문 어르는
그믐달

새벽을 비우려는가

따라 흐르며
가 닿을 곳은 어디인가.

그런 사람이 있습니다

흩어진 머리칼을 쓸어 올리다
불현듯 생각나는 사람이 있습니다

스쳐 지난 작은 섬 같은 만남이지만
그 눈빛 짙어지는 건
그리움이 쌓였기 때문입니다

먼 산 더듬던 눈길을 거두려다
문득 기다려지는 사람이 있습니다

없는 듯 함께 한 시간이지만
그 느낌 뜨거워지는 건
그리움이 깊었기 때문입니다

별난 슬픔도 없이 가슴 울컥한 오후
기우는 해걸음 따라 거닐다가

돌아보면 저만치 비켜서는 모습이지만
그예 생각나는 사람이 있습니다
기다려지는 사람이 있습니다

그리워 오지 않는 사람이 있습니다.

새

단풍 내린 밤
동구나무 가장귀에 앉아 있다가

잎 한 장
떨어뜨리지 않고

아침 쪽으로
날아간.

탐석초探石抄

산 깊어
뱃길 내려 호수를 품는다

천년千年

침잠의 빗장 벗기고
거칠어진 숨소리 듣는가

속바람 두드려 되살리는 불꽃
잉걸불의 갸륵함으로

길 밖의 길
진새벽 헤치며 내닫는

허방의 날들

생몸살 하나론 멎어 주질 않는
곰삭힌 속앓이거니

너의 술래가 되고픈
달음박질이거니.

빨래

젖은 옷 터는 소리에
깜짝,
놀란 눈빛이 돌담을 넘는다

돌담과 수수밭 사이
좁아진 길 한껏 날아오른 오후
호박덩굴 속 말잠자리 한 마리 날아오른다
아낙이 빨래를 널고 있다

옷가지에 밴 물기를 털며
팔을 뻗어 올리면 땀 맺힌 하얀 목덜미
햇살이 재빠르게 방향을 튼다

눈을 뜨는 아침이면
젖은 것들은 모두 말라 있을 터
아낙 허리춤에 매달려 칭얼대기 시작한 아이와
눈길이 마주칠까 얼굴 돌리는데

언뜻 마르지 않은 물기의 흔적이 스쳐간다
바람소리일까
눈꺼풀 사이 흔들리는
젖은 빛일까

담 너머 엉겨 있는 발걸음을 풀며
애를 써보지만 아득한 여름
그 끝부분만 선명해진다.

다시 바닷가 주막

별빛 어둔 밤
다시 바닷가 주막이었나

낯익은 주모는 말고
숨 가쁜 이름을 불러본다

그 바다
해지면 섬 하나 솟는가

꽃 떨군 동백
나는 파도의 울음소리였는가.

나비가 온다면

밟힐 것쯤 각오했다
역병 따윈 무섭지 않아
그러나 이제나저제나 눈에 보이지 않는
마른 숨소리만 출렁거리는
달빛도 비켜선 적막
길 한가운데 금 간 보도블록
날 선 틈 헤집고 나온
꽃다지는
병든 노모 누워 계신 고향에는
걱정되어 못 간다
마스크 벗고 소백산에 갈까
샛강 건너 떠 있는 밤섬으로 갈까
꽃 지도 펴들고
취소된 철쭉 축제를 찾을까
천한 눈길에도 아찔해지는 봄날
혼자서라도
나비가 온다면.

종일 안부만 묻네

서둘러 귀향했다 들었네
그려 꽃바람 쐬셔!
덩달아 행복해져 나도 모르게 소리쳤네
어디 경칠 일 더 있는가
한여름 데우더니 버티는 역병바람도
만만히 볼 건 아닌 거 같고
어쩌나 옆구리 비워두고
다가가 슬그머니 말동무라도 청해봐야지
낫살이나 먹어 하는 말이네
머 간절할 게 있나
아차 방심하는 새 싹둑 잘려나가
남길 거 없어 내팽개친,
가뜩이나 비정한 생生 아닌가
그런데 꽃 이울면 꽃대는 누가 어르지?
봄꽃 화르르 지고
코로나 볼때기만큼이나 붉어
목백일홍 꽃숭어리 눈빛 아직 애틋한데
내 어린 우환들 투정이 심해
종일 안부만 묻네.

서천행 瑞川行

눈 오는 날
마량리 바닷가 동백 보러 갑니다

꽃잎 여는 소리에
잔파도들 자지러지겠습니다

이 눈 녹으면
꽃잎 더 붉어지려나

섬 하나 돌봐야 한다며
바다는 떠나고 없을 것입니다.

시 쓰는 밤

꽃 집니다

비 오고 나비 떠난 날

꽃대들

마른 팔 풀고 잡았던 손 놓았습니다

달도 없는 밤

꽃송이 다 떨구고 곧추선

저 고요.

나목裸木의 거리

불기 없는 아랫목에 발목 묻으며
허기를 감추던 날이 있었다

은신처를 잃은 것들은 선뜻
주머니 속 데운 손을 내어주지 않는다

너를 찾을 수 없어

남은 빛으로 노을 속 헤집어보지만
허공에 매달린 그날의 노래들

날 선 위안보다는
차가운 온기를 생각한다

다저녁때 난생처음인 듯 찾아올 너에게
깡마른 어깨라도 내밀 수 있다면

나무들 제 몸 흔들어
길 위에 드러난 발목을 덮고 있다.

화양연화*

달이 천태산을 오르고 있었다
능선에 걸린 달빛은 이쪽으로 넘어오질 못하고 있었다

길머리에서 아래쪽 안태호가 물의 등을 타고 오르며
위쪽 천태호를 채우려 애쓰고 있었다

한껏 몸집을 키우며 그 곁에 다가가지만
다시 아래로 굴러 내리는 몸짓이 물빛에 시리다

가슴에 품어 안은 물결이
저녁 바람에 일렁인다

문득 솟구쳐 올라 안태호 수면에 반사된 달빛
복사꽃 향내에 젖은 채 천태호를 향해 질주하기 시작했다

꽃 피면 달 생각하고 달 밝으면 술 생각하고
꽃 피자 달 밝자 술 얻으면 벗 생각하네
언제면 꽃 아래 벗 데리고 완월장취玩月長醉 하려뇨 **

더 바랄 건 없겠다
새벽 기차가 긴 선으로 멀어지고 있다.

*우희정 작가의 수필 「꽃 피자 달 밝아」를 변용하였다.
**이정보(李鼎輔) 시조, 김수장(金壽長) 엮음 『해동가요』 수록.

소설가를 만나러 갔다*

　모밀밭은 햇빛이 눈부셨다 '반평생을 같이 지내 온 짐승이었다 같은 주막에서 잠자고 같은 달빛에 젖으면서 장에서 장으로 걸어 다니는 동안에 이십 년의 세월이 사람과 짐승을 같이 늙게 했다…' 소설가는 쓰다만 원고를 던져 놓고 집을 비웠고 허 생원도 보이지 않았다 집 밖에서는 앳돼 보이는 어미들이 애 아비를 찾으러 왔는지 어린 것을 등에 업고 더러는 손으로 끌고 문간 안으로 분칠한 얼굴을 삐죽삐죽 디밀고 있었다 소설가는 허 생원을 따라 제천장에 갔다고도 하고 술값이 궁해져 써두었던 원고 뭉치를 싸 들고 박달재 넘어 서울까지 들렀다 온다고도 하는데 언제 귀가할지는 모른다고 했다 봉평장 쪽으로 발걸음을 옮기면서 충주집에 들러 막걸리 한 주전자 시켜 놓고 혹 장터 어디 발정난 나귀 앞세워 먼저 와있을지도 모를 허 생원이나 만나 왼손잽이 동이는 무얼 하며 지내는지 동이 어미와 기별은 주고받는지 남은 생生도 글쟁이 손끝에 맡겨 놓고 살 것인지 이참에 몇 가지 궁금한 일을 물어봐야겠다고 생각했다 서둘러 산모퉁이를 돌아 봉평장으로 내려가는 개울 옆 방앗간에는 물때 오른 물레방아 혼자 쿵쿵쿵쿵 마른 모밀을 찧어대고 있었다.

*원제 「봉평에 가다」

3부
겨울 속초

화해

마주 앉아
석쇠에 수입 쇠고기 뒤집으면서
그렁저렁 말을 많이 했다

떨어져 부서지는 물방울처럼
아들은 마음이 아프다며 흥분했고
그 물받이처럼 나는
뼛속까지 울린다고 맞받았다

술 몇 잔 급히 삼키면서
아들은 어찌 갈지 모르겠다며 눈시울 붉혔고
어찌 왔는지 모르겠다고
나는 진저리쳤다

그러다가
소주 한 병 더 시키면서 쏟아진
마지막 몇 마디들
어지간히 취한 술잔에 구겨 밀어 넣고

서로 얼굴 돌리며 나도
또 아들도
스멀스멀 웃었다.

돼지갈비 먹는 법

참숯이 대세야
십구공탄에 석쇠를 덮어도
서둘지 말고 서늘하게
하룻밤 숙성시켜 군데군데 태워주면
귀맛 눈맛 눈치껏 풍기지
땡고추나 통마늘 통째로 물고
잘근잘근 양념 삼아 깨물어대면
뒤끝은 장담 못 해
석쇠 담뿍 덧널어 놓고 아래위로 뒤적여봐
몸 사리기 귀찮아져
다가앉아 바싹 눌어붙는 애인보단
애인 떠나 옹색한 친구나 을러
입언저리 더러워도 입 안벽 찢을 듯이
짓씹어야 감칠맛 우러나지
선홍빛 불꽃 좀 봐!
우리, 떠나도 눅눅지 않은 곳 있었나
이만큼 뜨거운 놀이터 있었나
다시는 즐길 수 없는 날
꽃무늬 앞치마 펼쳐 앞가슴 가리고

가득 소주잔 채워 허공 한 번 꼬나보고
윗몸 앞으로 숙여주면 속 찡한
그 맛 오래 가지
하릴없이 비나 긋는 저녁이면
봄밤 아녀도 좋아.

세한도 歲寒圖

눈빛 밝혀
퍼붓는 눈발 틈에 던진다
발자국 지워내면
나 만나려고 나선 자리
그 찬 모퉁이
누구와 온기를 나눌 수 있는가
맞닿지 않는 것들은
아픔을 모를 터
갈잎 쪼그리고 누워 젖은 몸 말리던
툇마루가 있는
담장 낮은 산등성이 아랫동네
서둘러 반짝거리는
초저녁 불빛의 분주한
고요를 생각한다
철새들이 그리움만으로 그어 놓은
하늘길 쫓다가 지쳐갈 때
와락 끌어안고 마는
쓸쓸에 대해서.

정선 오일장 서는 날

  눈 녹인 동강 물살을 거슬러 거슬러 강바닥에 나뒹구는 조막만한 돌멩이 안속까지 들춰 보았답니다 성가신 내장덩이는 훌러덩 빼 던지고 물 씻긴 발자국만 더듬어 더듬어 산빛으로 강빛으로 몸뚱이 물들였답니다 가슴 한복판에 가물대는 촛불 하나 기어쿠 살려보자고 소나무 뗏배를 끌며 밀며 어미는 먼바다 찾아 나갔더랍니다 강 건너 산기슭 진달래들 이파리 떠밀며 꽃송이 먼저 피워 올린 날 간고등어 두 마리 김씨 할매 비좁은 장거리 좌판 귀퉁이 나란히 엎디어 남쪽 바다 개볼락 쏙 빼닮은 아우라지 쏘가리 옆구리에 짜디짠 콧잔등이 바짝 들이밀고 엄마, 엄마, 강 비린내 맡고 있습니다.

삽화

산비탈 밟고
아랫동네 굽어보는 파랑대문
장대 떠받쳐 탱탱한
빨랫줄에 속옷 몇 장 팔랑거린다
거울 앞에 앉은 여자
파리한 입술엔 노을 붉었을까
하이힐 두 짝 살 맞비비며
방문 앞에 잠들어 있다
색은 바래도 파랑은 파랑일까
여자의 눈빛은 흔들린다
여름 지나 구절초꽃 꺾어 쥐면
살아갈 날 모두가 살아온 날 아닌가
저녁달이 뜰 거야!
저물녘 푸서릿길 풀벌레들
잠자리를 튼다.

겨울 속초

퍼붓는 눈발
겉옷 하나 걸치고 버티는
속 깊은 산이 새하얗게 옷섶이나 날리며
딴전 피우는 콧대 높은 바다가
소한 추위 무서워 붙어산다

녹빛 그림자 늘여
산이 제 눈길 거둬들일 때
갈매기 울음소리 바다가 낚아채면
고향 없는 사람들
파도자락 쥐고 하루를 지운다

저녁을 밝혀
눈꽃 닮은 아낙 길손 찾아 앉히고
목깃 내린 나그네 비운 잔 다시 채우면
그리움에 뜬 섬
산 넘는 노을이 철없이 곱다.

진눈깨비

빗방울도 눈송이도 아닌 물빛
저문 거리 조각으로 부서져 내린다

낯가림인지 머뭇거리고 서 있는
골목 어귀 까맣게 속 그을린 가로등의
갈라진 발꿈치를 쓰다듬다가

역전 포장마차 따끈한 오뎅 국물로
초저녁 거리의 허기나 달래고
서투른 날갯짓에 눈 감는 사이

예배당 십자가 난간에 매달려
모처럼인 발걸음 소리를 헤아려본다

초대받지 못한 자는 발끝에
눈길을 세우고 뚜벅뚜벅
낯붉힌 거리를 걸어가야 한다

애당초 기다리는 손은 없었으니
손 내밀어 누군들 반길 수 있겠는가
하나둘 저녁 등 내걸릴 무렵

주인 떠난 담벼락 곁에서 숨 돌리다가
제 몸 녹여 흐르며 흐르며…

수정

눈꽃이라고 했다
손 내밀면 내내 차가움만 남는

지나던 길
눈 익은 작은 우체국과 학교 사이
기억 속 이름의 가게 앞에 차를 세운다

얼굴 까만 머슴애 눈길이 낯선지
간판 위 글자들이 흐려진다

어깨에
젖은 별빛 몇 점 내려 얹고
달음질하는 등굣길

아침이면
밤을 보내고 치켜든 발꿈치가
기쁨보다는 슬픔 쪽으로 더 기울어야 하는
그리움이라는 걸 알았다

가게 문을 밀고 들어서며
제 발자국만 헤아려 걷던 뒷모습에게
늦어진 안부를 묻는다

종종걸음
담홍색 책가방
하얀 손등…

안갯속이라고 했나
머뭇거리며 보이지 않는.

징검돌

  달 떠올라봐야 속 사나워지는 밤이고, 밭두렁이라도
타며 낫질하는 반나절이면 애써 시름 더할 새 없거니
  노을 지고 가는 해 걸음은
  저리도
  서두는가

눕지 마라,

아직 장씨 풀짐 오고 있다.

꽃 진다

발걸음 벌써 뭉그적거리네
난전 경기 시원찮다 산채 보퉁이 몸 불려 앉히고
나물 마를라 저고리 앞섶 꽁꽁 여미네

여기가 환승역이란 말인가

저것 봐,
저것 봐,

산꽃들 내달린다 산모퉁이 휘돌아
핏발 선 꽃비탈을 타고
      미
         끄
           러
              지
                 면
                    서

하물며

해가 바뀌고

반반한 투명 유리판으로 장식한

디지털 체중계를

개업 기념품으로 받아온 날

현관 바닥으로 옮겨 놓은

구식 체중계

집을 나서며 구둣발로 올라서니

이 무슨 심보인가

멀쩡한 것이 등 펴고 번듯이 누워서

눈 하나 꿈쩍도 하지 않는다.

갯바위[*]

찬찬히 길모퉁이를 끼고 돌면
난파선 한 척 누워 있는 찻집이 있습니다

기다리기 알맞은 장소입니다
벽에 걸린 시간을 확인하며 빈자리를 바라봅니다

노랗게 물든 완자창 너머로 손을 내뻗으면
은행잎 잡힐 것 같이 다가섭니다

창가에 주질러앉아 가만히 귀 곤두세우고
달려오는 바다 가쁜 숨소리 듣다가

화들짝 눈을 뜨면 뱃머리 때리는 파도에 놀라
은행잎 우수수 떨어집니다

미닫이 출입문 몇 번 열리며 닫히고
언제나 그랬듯이 낯익은 얼굴들을 반깁니다

약속한 적이 없으므로
기다리는 사람은 오지 않을 것입니다.

* 우희정 작가의 수필 「갯바위의 사랑」을 변용하였다.

올챙이국수

 사람 하나 보고 왔시유 츰에는 아이덜 핵교 보낼 요량으로 송아지 두어 마리 쳤쥬 근디 쇳값이 똥값이 되니 으떻해유 시집올 때 받은 금반지 금목걸이 여남은 돈 몽땅 내다팔어 국시집 냈지유 고것들 장롱 속에 꼭꼭 뫼셔 놔 봤자 별수 있나유 여기 옥시기가 원채 유명하잖유 아이덜 아부지유? 하이고 말두 말아유 그 인간 여태 살아 있으면 지가 이 고상을 했것어유 요 올채이국시가 우리 집 가장 노릇 지대로 해왔구면유 얼매나 든든헌지 몰라유 생긴 모양새는 이려두 맛 하나는 기가 맥혀유 미끈미끈혀서 잘두 넘어가구유 보아허니 고향 분 같은디 머라 머라 혀도 손맛은 우리 그기 여자덜이 최고잖유? 오늘은 손도 많지 않은디 국시 웬만치 끓여 놨응께 모지르면 찬찬히 더 들구 가셔유 비는 오구 바쁠 거 머 있것어유.

탐석초探石抄 2

산, 그림자 늘여

강을 만난다

어둠의 깊이로 온몸 묻는 것은

넋을 부르는 의식

비켜 가는

달빛으로 지탱하며

눈빛 드러낼 수 없는 것은

온통 아름다움으로

아침을 맞기 위함이려니.

4부

샤크콜러

비 오는 날의 소묘

집 나와
세상 한 바퀴 돌아서 왔다
가슴 뜨거워서 아니라
눈물 괸 어디
하냥 기다리는 꽃노을 때문 아니라
나 버린
나 찾아다닌 거다
초저녁 베란다 통유리에
우르르 달라붙어 더운 몸 식히고
또 떠날 채비하는
가을비.

질투

유월의
낮아진 담장

살금살금 기어 넘고 있는
넝쿨장미 한 송이

손 뻗어 끌어들이려다
움찔했네

겹겹 짙붉은
꽃잎 사이

잠이 든 듯 붙어 있는
나나니 한 마리

나 참지 못하고
소리쳤네

너였어
?

아내는 무당파

 무슨 출판기념회에 꼭 참석해달라는 가까운 지인의 협박성 간청을 못 이기고 급히 외출을 준비한다 선거철만 되면 못 고치는 버릇인가 이런저런 모임에 행사에 무보수 용역으로 불려 다닌다 오늘은 책값보다 자릿값이 비쌀 터 기왕이면 옷 티가 나는 날렵한 차림새로 겉멋이나 내 볼까? 고심하며 옷장 앞을 서성거리는데 식탁에 앉아 콩나물 다듬던 아내가 기다렸다는 듯이 달려와 진회색 양복과 흰 와이셔츠에 연보랏빛 넥타이를 민무늬로 골라 준다 그러더니 마침내 천지 기운을 읽었는지 말은 많이 섞지 말라는 겨울바람 같은 당부와 함께 얄따란 축의금 봉투 하나 액막이부적처럼 손에 쥐어 주고 방을 나간다 제멋대로 자라나 허옇게 세어버린 머리칼이 어찌 나이 탓이라고만 하는가 넥타이를 매다가 얼핏 눈에 들어온, 묶어 올린 아내 뒷머리에 새하얗게 광채가 도는 듯하다.

노시인 老詩人

낯익은 그분
혜화동로터리 횡단보도를
뒷모습으로 건넌다
성당 종소리 뒤따라가며 보폭을 잰다
아는 체 손 치켜들지만
생각 깊어진 길 돌아보지 않는다
급해진 발걸음 쫓아
따라붙는 금문식당 근처
길부터 막고 안부 여쭙는다
대학로 끼고 '고도'를 기다리는 시인
눈도장 찍으셨는지
내 얼굴 먼저 살피며 건네는
그 손길
오늘도 봄길이다.

담쟁이

오를수록 높아지는
체념의 벽

지쳐갈 때
허공의 어깨를 잡는다

돌아보면 아득한
시간의 발목

한 점 한 점 긁힌 자국들
매만지며 따라온

잿빛 담벼락
꽃불로 타오른다.

틈

돌 틈을 비집고
피어오른 들꽃 몇 송이

표정 안쪽에서
감추지 못한 결연함을 읽는다

머물 곳 없던 바람
발걸음 소리 멀어지는 밤

어린 별들은
꽃대궁을 밀어 올리며
죽을힘으로 바람의 손등을 잡았을 터

사랑은
한순간 어둠을 비집고 들어
숨 한번 막혀보는

어느 틈에
틈을 내보였을까

꽃씨 몇 점
와락 내 바지춤에 달라붙는다.

연에 대한 기억

바람은 솟구치기만 하고
날아올라 순간 멈춰 설 수 있는 건
솔개를 닮았기 때문이지 내리꽂히려는
점 표적을 겨눈 날갯짓이었을 거야
더 높이 날아오를 순 없었을 거야
발목을 움켜쥔 얼레 때문이었다고 할까
한쪽으로만 돌며 뒤쫓는 얼레의 무딘
손끝을 짐짓 노렸을지도 모르지
외로운 행성이 반 바퀴나 앞으로 또는
뒤로 돌면서 위아래를 바꾸었을 때
서로를 버티고 있었을까 밀쳐내지 못하고
팽팽한 시간을 견디고 있었을까
끝내 성난 바람 거스를 순 없었을 거야
실 끊긴 허공에서 숨죽인 지상에서
헤매고 있었는지 서로를 찾고 있었는지
얼레는 헛돌기나 하면서.

세한도歲寒圖 2

　흰
눈발로 흩어
　날리며 당신의 눈빛을 그러잡을 줄 알
　　았
　　　습니
　　　다
　알몸뚱이 반듯이
　　깎아
　세우
　　며
　　당신의 순수로 드러
　　날
줄 알았습니다
　눈길 막혀
　새들
　　은
오늘도 쉬이 떠나지 않을
　　것
　　　입니다.

뒤로 걷는 노인

바닷가 모래톱
노인은 한사코 등 뒤를 향해 걸어갑니다

흘러간 노랫가락으로 보폭 늘여 놓고

뒤꿈치 먼저 내디디며 걸어온 길
난바다를 향해 돌려세웁니다

까맣게 그을린 어부의 팔에 안겨
밍크고래가 뭍으로 나온 날

노인은 고래 등에 업혀 바다를 건너는
긴 꿈을 꾸었다고 했습니다

굳은살 두꺼운 뒷지느러미 파닥거리면
모래바람 일어 뿌옇게 멀어지는 길

밍크고래는 어부의 맨살을 움켜쥐고
초롱초롱 눈빛 밝혀 달려왔을 것입니다

언제쯤 노인은 뒷걸음질을 멈추고
밍크고래의 푸른 등을 껴안을 수 있을까요

모래톱에 내어준 길 돌아볼 수 있을까요

갯바위 젖은 얼굴이 마를 때까지
늙은 가수는 노래를 불러야 할 것입니다.

샤크콜러[*]

뿔고둥 불면서 고요한 바다의 마음이 되어야 한다고 다음날은 견뎌야 할 급소를 짚어주며 작살은 첫발이 중요하다고 뱃머리에 올라서서 상어를 부르는 노래를 불러야 한다고 마지막 날에 숨죽이던 상어는 목소리 떨리는 노랫소리에 마음을 연다고 아이가 아버지 되면 가르치리라 작살에 몸 맡긴 상어가 파도를 탈 땐 힐끗힐끗 눈물 그렁한 바다를 훔쳐보아야 한다고……

죽어도 좋으리
네게 돌아갈 수만 있다면

비워둔 바다 파도를 달래는 뿔고둥 소리
달빛에 묻어온다.

[*]인디필름이 방영한 다큐멘터리(부제 '상어의 영혼을 부르는 자')

성화聖畵*

청명한 새벽
신문 배달을 끝내고 집으로 돌아가는
아이를 우연히 만났다

언덕을 오르고 있는 아이의 손에
검정 비닐봉지가 들려 있다

고등어니?

지난가을 동네 좌판 앞에 쪼그려 앉아
등 푸른 한 마리를 눈빛으로 만지작거리던

그 아이
수줍은 듯 웃고는 먼동이 터오는 길을
뒷모습으로 뛰어가고 있다.

*우희정 작가의 수필 「고등어」를 변용하였다.

만추晩秋* 2

  곱게 물든 나뭇잎 한 장을 명함 대신 내밀었는데 바람의 손으로 받아 읽는다.

*만추
내 나이 막 스물을 넘겼을 때/ 돈 없고 애인도 없던 날/ 무작정 마장동 시외버스터미널로 나가/ 완행버스 올라타고 가다가/ 남춘천 어디에 내려/ 호숫가 여인숙 연탄불 뜨끈한 방에/ 소주 두어 병 들이켜고 누워/ 먼저 와 졸고 있던 계절/ 힘줄 까맣게 말라붙은 그 속/ 밤새껏 바라보다가/ 황급히 돌아오곤 했지.
                                    − 시집 『술이나 한잔』 2017.

만추晩秋 3

설혹 그것이
헛된 몸짓이라도

이슬 젖는 아침
한 잔 커피를 마시며 생각난 듯 던지는
눈맞춤이나
목백일홍 꽃숭어리 터트리는
휘파람 소리에
열에 뜬 낯붉힘 따위

어줍은 기억만으로
내내 열어 보이지 못한
가슴

사랑한다,
빛 짙은 잎사귀 사이사이 에두르던
은유는
빈 숲에 남기고

너에게
늦어진 연유를 전한다.

동행同行
　― 시인의 혼자 사는 집*을 기웃거리며

어느 때나
'구석마다 어김없이 매달아 놓은
물 같은 세월의 반대켠으로
방의 경계를 넘어 되도록 세상의 멀찍한 데로
향방을 잡아 달려가자고 하셨나요
'덩치 큰 몸뚱이의
그림자를 안고 나비가 되어 보려는 꿈으로 때로는
슬퍼하며 때로는 히죽대며 요상하다
참 요상타고 헛웃음뿐인 거울의 모퉁이로
낯설게 비켜 앉'자고 하셨나요
'내가 나를 부르는 소리가 들'리면 '대숲 우는
소리로' 달음박질치며 '기왕지사
산자락 넘나드는 일
볼 부비고 입 맞추는 그런저런 일 모두가
빈집 허물기'라고 하셨나요
'원수로 다시 만나면 음험한 웃음 짓기는 싫어
혼자서 소리 내어 울고' 싶다고…
'혼자이던 내 집 사방에 산이 들어와

애간장 태우게 하는 남은 삶의 길에서
휜 등허리는 되도록 꼿꼿하게 그리고 뚝심 좋은
목청도 가다듬어 놓고 '고맙습니다
고맙습니다 거룩한 이여 어여쁜 이여 혼자인 이여
정말 감사합니다 목숨이여' 누구에게
'목울대 떨어지도록 소리' 치셨나요
그리 급했는지 '새벽녘이 다가서기 무섭게'
혜화동성당 종소리 따라나선
그 산자락 어귀에서 이제 혼자 있고 싶다며
'거듭 손가락을 펴고' 열심으로 내젓는
손사래에 뒤쫓던 발걸음 묻었습니다 '꼭 한 번은
그런 밤이 있으리라'
'빈집에서 다시 빈집을 찾아' 함께
떠나보자던 혜화동로터리 남은 한 바퀴 돌아 나오며
아, 그제사 보였습니다
'살아 있는 사람의 죽은 집' 뿐이더이다.

* 『혼자 사는 집』 : 성춘복(成春福) 시인의 열두 번째 시집(1998)

5부

산밤은 여물었나요?

어머니의 꽃밭

비 개었나
논개구리 울음소리 시끄럽다
어제 뜬 초저녁달이
담 너머 안뜰을 기웃거린다
꽃밭은 두어 뼘이 될까
꽃대 올리는
여인의 벼린 손끝은 떨린다
어디를 바라보는지
화들짝 꽃봉오리 터트린 모란 한 송이
자수틀 밖으로
고개 뽑고 서 있다.

첫눈* 2

꽃잎 펼칠 겨를이 없어
꽃망울로 내린다

처음 만난 기억은
목련 가지 뻗은 창가

너를 기다려본다
해 뜰 때까지만이다.

*첫눈
어머니 버선 깁는 밤/ 등잔불 너머로 첫눈이 내린다// 나뭇가지 가장자리/ 살포시 둥지를 튼 눈 무리// 잡을 게 없던 가지/ 잎새 떠난 품이 아프지는 않겠다.
　　　　　　　　　　　　－ 시집 『술이나 한잔』 2017.

앓는 저녁

혼자서
무서우니 가지 말라던

한 해 봄날,
소금쟁이랑 발장구치는 흰나비 떼랑
나랑 돌멩이 한 개씩 던지며
던지며 물 맑아 푸르른 상엿집 개울가 퐁당퐁당
가던 길 꽃가마 세우고
물장난치는

애기똥풀 피어난 노오랑
꽃 더미 그늘
속

큰이모 등에 엎디어
엎디어 엄마 기다리는 날의

아이야.

개울가에서

잘
있느냐

!

물 아래로
뜬

달

안부만 묻고
가신다.

산밤은 여물었나요?

몸은 성한지
표정 먼저 살피셨을 때

미루나무에 걸려있던
흰 구름과 눈이나 맞추고 말았네요

잘 지내고 있어요
진즉 벌초는 부탁해 두었어요

산밤은 여물었나요?
가을장마가 끝난다고 해요

추석에는
함께 보름달을 볼 수도 있겠네요.

봄가물

산소 앞에 심어놓은
진달래나무는 잘 자라고 있는지
오늘 제사상엔
어동육서 조율이시 죄 내물리고
생전 즐겨 드시던 애호박부침 봄나물무침을 반찬으로
올린다 더운 지방 노란 색깔 과실은
후식으로 준비하며
저녁 길 어두울까 촛불부터 밝히고
위패 모시려는데 핸드폰 액정창에 꼭꼭 눌러쓴
전갈 한 줄 급히 뜬다

꽃봉오리가
올라와 못 간다.

찔레꽃 필 무렵

 산 아래 외딴집에는 돌배나무 앵두나무 산벚나무가 울타리로 빙 둘러서 있었지요 변덕 심한 산 날씨가 모처럼 좋은 날 일찌감치 아이들 아침밥 배불리 먹여놓고 산막이나 손본다며 뒷산에 올라간 아빠 뒤쫓아 나선 엄마는 건넛산 꽃노을 마저 보려는지 점심에도 저녁이 가까워도 내려오지 않고 있었지요 땀 절어 문고리에 걸어 놓은 아빠 등거리가 채 마르지 않은 걸까요 엄마 좋아하는 찔레꽃 품속으로 징징거리며 파고드는 꽃벌들 투정에 넋이 나갔는지 모를 일이지요.

 방문 열어놓고 졸던 아이들이 손가락 빨며 뒷산 쪽으로 자꾸만 눈길을 돌렸지요 이파리 하나 흔들지 않고 지켜보던 울타리 나무들 재빨리 부엌 거적문 젖히고 들어가 엄마가 차지게 뭉쳐놓은 조막만한 주먹밥 한 덩이씩 아이들 침 묻은 손에 쥐어주었지요 그러고는 땅거미 지기 전인데도 바깥으로 웃자라 뻗은 헛가지 난간에 붉은 등 하나씩 내걸기 시작했지요 그새 꽃바람 편에 들려 보낸 엄마의 기별이 당도한 걸까요 그날이 달 없는 날인 줄 알았는지 모를 일이지요.

요양병원에서

까꿍,
아가가 배시시 웃었다

더 큰 소리로
까아꿍!

낯가림 심한 우리 엄마
활짝 웃는다.

젖 떼는 날

 뒤란 늙은 감나무가 남아 있던 저녁놀 몇 방울 찍어내어 마른 젖꼭지에 문지르고 있다

 어두워지면 안채 쪽에서 칭얼거리는 소리 들려올 것이다 찬연한 슬픔 하나 지상에 버려질 것이다.

새벽 빗소리

문고리 흔들던 바람

잠든 사이

아궁이 연탄불만 흔들어 깨우고

집 나선 여자

얼마만큼 더 덜어내면

하루 가벼울까

쪽 찐 머리에 올려 앉힌

장 보퉁이

앞서 걸으며 더딘 길 재촉하는

새벽 빗소리.

꽃자리* 2

기특도 하지
그 민들레 또 올라왔네!
조부모님 묘소 오르는 산비탈에서
어머니가 중얼거리신다

그러자 묘소 바로 아래 풀숲을 가리키며
아버지가 소리치신다
산국화 보시게!

가을엔 산국화가 봄 오면 민들레가
햇볕 고른 부모님 묘소에
한들한들 꽃잎 흔들며 서 있다

이 꽃 좀 봐라!
장마 끝에 큰놈 앞세워 살피러 온 선산
산밤나무 옆 빗물 괸 웅덩이에
구름꽃 한 송이 피어 있다.

*꽃자리
한여름/ 버텨낸 자리였다/ 오늘 아침/ 꽃은 보이지 않는다/ 벼랑 끝/ 새카만 온점 몇 개/ 콕, 콕, 콕,/ 찍혀 있다.

- 시집 『술이나 한잔』 2017.

8월의 안부

시간을 내어준
바쁜 아들과 사이좋게 앉아
소문난 동네 찹쌀탕수육 큰 접시와
면발 굵은 손 짜장 두 그릇
급히 전화로 불러 놓고
미뤄온 저녁 약속 지키고 있어요
내내 여름은 무더웠지만
읍내 면옥에서 얻어온 댓살 부채도 있고요
안마당 한가운데
널빤지 평상도 아직 멀쩡해서
등줄기 타는 땀방울들
잠깐잠깐 잡아놓을 수 있었어요
그래도 안데르센 눈의 여왕 골라 읽어주시던
어머니의 여름밤 아니었더면
맘졸이던 그리움의 발자국 소리들은요
더듬어오지 못했을 거예요

빤히 무덤 지켜보는
넓적한 바윗돌과 늙은 밤나무는

지난 태풍에 무탈하겠지요
홍역 부둥키고 죽을 둥 살 둥 할 때
호호 입김 섞어 눈빛으로만 떠먹여 주시던
좁쌀죽만큼은 못하겠지만요
공달 탓하며 늦장 부리는 가을엔
그 입김 불어 넣어
가시투성이 밤송이 쩍쩍 벌려 쏟아놓은
알밤 주우러 달려갈게요
허리 휜 밤나무에 기대고 서서
어머니 기다리시는 가을의 시 몇 편
찬찬히 읽어드릴까 해요
아들과 저녁 술잔을 부딪치며
눈의 여왕과 산밤나무와 발자국 소리들은요
갈숲 못잖아 술렁거리네요.

이 가을엔 못 간다

물 같은 세월은
등 뒤의 진실을 알려 하지 않았다
흉몽이었다
허리 깊은 요추와 천추 사이
외마디 소리가 들렸다
엉치를 관통한 동통은 아래로 더 아래로
눈 번뜩이며 발끝을 겨눈다
그 산비알
채송화며 투구꽃 각시취꽃 향유꽃 구절초꽃…
골짜기 타고내리는
물길 틀어막는 잡초들 틈새로
후밋길 내어주던 초가을 꽃무리
꺾인 허리로
서로 몸 비비고 일어나
가을 들머리 지키고 있을까
제 길 내어주며
붉은 멍울 하나 가슴 복판에 새겨넣는,
독기 서린 눈빛
가랑이 적시는 새파란 핏물

밟히기만 해라!
화들짝 밀어 올린 꽃대로 목발 짚고 섰을까
가위눌린 밤
침상 밖 꽃봉오리 터트리는 소리에
자벌레 한 마리가 몸을 접는다
기다리지 말아라
이 가을엔 못 간다.

그믐달[*] 2

울 할아버지 눈 못 감으신다고……

*그믐달
동구 밖 당산나무 꼭대기에 심장 한쪽 걸어 놓은 이 // 누구인가.

- 시집 『나비 바람에 날려』 2019.

■ 해 설 ■

존재의 뿌리 찾기
— 박영배 시인의 시집 『회향廻向』에 부쳐

김현숙
(시인, 서울시인협회 부회장)

 시는 자연과 신(神)과 인류 그 밖의 모든 삶의 이야기다. 그러나 시인 한 사람의 시는 이 모든 사실이 그의 삶과 정신을 관류(灌流)하면서 은유, 상징, 역설, 풍자 등의 시법(詩法)이란 통로를 거친 후에야 독자에게 가닿는다. 이 창작적 예술은 작가의 경험과 구성을 거친 차별성에 의해 시청자의 공감을 얻으므로, 사실만이 아닌 객관적 사물을 통해 상상적 체험을 전달하는 소임을 갖는다. 따라서 언어 또한 일방적 전달의 개념어가 아닌 독자의 체험적 공감을 얻어야 한다.
 박영배 시인은 한양대 공과대학을 졸업 후, 성균관대와 대만 국립정치대에서 경영학 석・박사를 거쳐, 세명대학교 교수와 대학원장을 역임했다. 박영배 시인의 두 번째 시집 『술이나 한잔』의 표지에 몇 줄의 덕담을 얹게 되면서, 그 시집의 첫 시 「고백」으로부터 그런 류의 시 「파문(波紋)」 「꽃나무」 「반가움」 「검은 백합」 「어머니의 뜰」로 이어지는 시에서의 인상은 흔한 일상의 범사(凡事)도 시인을 통해서 독자에게는 삶의 귀한 깨달음이 된다는 발견이었다.

 그것은 시의 언어가 지녀야 할 최소한의 진실이 일으킨 정서였다. 언어는 더없이 간결, 담백한데도 우리 삶을 토닥여주는 온정과 위안의 힘이 실려있어 문학의 본령(本領)을 지킨다는 믿음이 갔다. 이번 시에서도 그의 삶의 진정성과 솔직함은 그가 '시를 만든다'가 아니라 적어도 온몸으로 '시를 짓는다'는 느낌을 받는다.

 이번 시집 회향(廻向)이라는 표제(標題)가 주는 의미도 범상치는 않다. 회향이란 불가(佛家) 용어로 남의 마음을 깊이 헤아리고 자신을 아는 것 즉 모든 인연의 은혜에 감사하고, 다함께 안락한 연기(緣起)의 세계관을 실천하는 것이다.

 한 사람이 걸어가는 일상적 행로를 보면 그를 알게 된다. 시인이 시에 올리는 공간은 그곳에 대한 개인의 체험을 말하는 것으로 본인과 관련이 있거나 어느 역사의 장(章)일 수 있다. 그러므로 그 시인에 의해 의미가 부여되는 실체로 볼 수 있다.

 그가 고향 가까이서 30여 년 근무하는 동안에 부근의 의림지를 둘러보면서 이번 제4시집에 집중적으로 넓고도, 깊이 있는 시로 담아낸 것은 의미 있는 일이다. 어디 시(詩)뿐이랴. 모든 예술 행위는 체득한 삶에서 비롯되고, 그 바탕에서 배태(胚胎)되는 일이니, 박영배 시인이 마음의 고향, 시작(詩作)의 근원을 찾아가는 자리라 할 수 있다.

삶의 성찰과 화해

이번에 박 시인의 4번째 시집 『회향』에서는 의림지가 시인이 뜻하는 회향의 배경이 된 듯하다. 의림지(義林池)는 충북 제천에 있는 국내에서 가장 오래된 저수지로 삼한시대에 축조되었다고 알려져 있다. 본래 임지(林池)라 불렸던 이 저수지는 신라 진흥왕 때 악성(樂聖) 우륵이 개울을 막아 둑을 쌓았다는 이야기도 전하며, 그로부터 700년 뒤 고려 현감 박의림(朴義林)이 둑을 높이고 좀 더 견고하게 개축하였다고 한다. 의림지는 당시 물이 부족했던 이 지역에 농번기 가뭄을 대비하는 수원지로서의 공덕 그 의미를 깔고 있다. 시인은 이러한 사유의 폭을 넓히면서 내면으로 향하는 시선 또한 깊어졌다. 나아가 삶을 성찰하고 삶과 화해함으로써 시적 언어가 유려해지고, 은유, 역설, 풍자 기법이 가미된 이미지는 시의 의미를 한층 확충시키고 있다.

햇볕이 눈동냥하며 가물대는 봄날이다 낯이 설은 청와
靑蛙 한 마리가 겁 없이 밑 깊은 못물에 연잎 한 장 띄워
놓고 주저앉아 염불 외는 시늉이나 한다고 해 떨어져 울
대 부풀면 못 둑으로 튀어 올라 물때 절은 시줏돈 세면서
통통 부어오른 눈두덩이 문지르며 웃는 듯 우는 듯하다고
두런거릴 거 없다 도성 안쪽 어디 저잣거리에서 공술로
술배 채우며 빈둥거리던 그것이 냅다 빈 바랑 하나 걸머
지더니 공덕이라도 낚아 나머지 팔자 바꿔보겠다며 폴짝
폴짝 물소리 쫓아 탁발수행 떠나더라 입 싸게 전해오는,
겨울 지나 시작돤 발이 아픈 생生이었느니.
  　　　　　　　　　　　－「의림지에서 - 회향」 전문

　의림지가 품고 있는 것들, 햇빛은 물밑으로 개구리는 땅 위
로 오르며 새 삶의 보폭을 넓혀간다. 생활의 저잣거리에서 기
웃거리다 '빈 바랑 하나' 짊어지고 '물소리 쫓아'서 다시 고향
을 찾아드는 발길은 회귀본능일 터다. 겨울잠은 포근했다. 봄
에 잠 깬 자(者)는 남은 생을 이어갈 책무를 전제로 발의 수
고가 시작되는 때다. '탁발수행 떠나'는 '청와(靑蛙) 한 마리'의
은유로 그 자신의 걸어가고자 하는 시인으로서 삶을 표방한
다. 위의 산문시는 깊은 사유와 삶의 성찰을, 절차탁마한 언
어미학으로 빚어낸 가편(佳篇)이다.

흰나비 떼
한나절 해 떠밀며 떠밀며
앉아 있는 버드나무 병들은 잎새와 잎새 사이

밤 지나 겨우 생각나지 않을 무렵
물안개 짙어지면
한두 발짝씩
다가서는

내 어린
고향집 돌담에 기대선 고욤나무 닮은
두 팔에
장년長年한

나를 안아 들고
안아 들고

뜬.
- 「의림지에서 5 - 버드나무 또는 섬」 전문

  시인의 잠재 속에서 '어릴 때의 고향집 돌담에 기대선 고욤나무' 같이, 이제 반세기를 넘어온 고목인 버드나무는 두 팔로 시인의 중심을 안아서 이 의림지에 '뜬 섬'이라 여긴다. 고목을 중심으로도 현재 삶은 활발하다. 여린 날개로 염천의 한

나절 그 뜨거운 햇빛을 밀어내는 나비의 삶을 투시(透視)한 시인의 눈은 예리하다. 나아가 나비를 은유로 한, 인간까지로 폭을 넓힌 삶의 인식과 성찰은 박 시인을 붙들고 있는 뿌리, 또 하나의 고향이다.

> 눈빛 밝혀
> 퍼붓는 눈발 틈에 던진다
> 발자국 지워내면
> 나 만나려고 나선 자리
> 그 찬 모퉁이
> 누구와 온기를 나눌 수 있는가
> 맞닿지 않는 것들은
> 아픔을 모를 터
> 갈잎 쪼그리고 누워 젖은 몸 말리던
> 툇마루가 있는
> 담장 낮은 산등성이 아랫동네
> 서둘러 반짝거리는
> 초저녁 불빛의 분주한
> 고요를 생각한다
> 철새들이 그리움만으로 그어 놓은
> 하늘길 쫓다가 지쳐갈 때
> 와락 끌어안고 마는
> 쓸쓸에 대해서.
> 　　　　　　　　　　　　－「세한도」전문

주제는 어느 설한에 '나 만나려고 나선 자리'다. '그 찬 모퉁이'며, (9행의 '갈잎 쪼그리고 누워 젖은 몸 말리던' ~14행의 '그리움만으로 그어 놓은 하늘')이다. 그는 거기서 언뜻 세한도의 소나무와 추사(秋史) 김정희를 본다. 이 시의 묘미는 반전의 기법에 있다. 그가 끝내 '와락 끌어안고 마는/ 쓸쓸'은 그가 선 자리의, 모든 것들의 '쓸쓸'이기도 하다. 그 동류의식은 동시에 자신을 에워싼 세상과 화해하는 순간이다. ( )부분의 깔맞춤 비유들이 빚는 이미지는 시인의 내면과 바로 동화되는, 또 한 편의 가작(佳作)이다.

> 집 나와
> 세상 한 바퀴 돌아서 왔다
> 가슴 뜨거워서가 아니라
> 눈물 괸 어디
> 하냥 기다리는 꽃노을 때문 아니라
> 나 버린
> 나 찾아다닌 거다
> 초저녁 베란다 통유리에
> 우르르 달라붙어 더운 몸 식히고
> 또 떠날 채비하는
> 가을비.
> ― 「비 오는 날의 소묘」 전문

시인의 상념은 비에 이입되어 이미 세상을 '한 바퀴 돌아서 왔다'. 한세상을, 인생의 전반부를 이미 살아본 거다. 정열이 넘치거나 바깥에 '기다리는 꽃노을 때문'이 아니다. 시 「세한도」에서 '나 만나려고 나선 자리'는 이제 이 시의 주제인 '나 버린/ 나 찾아다닌 거다'로 바뀌며 내면의 성찰은 한층 더 깊어진다. 가장으로, 아버지로, 그 밖 누구로 살면서 슬며시 빠져나간 '나'를 찾을 수 있겠는가. '통유리에/ 우르르 달라붙어 더운 몸 식히고/ 또 떠날 채비하는/ 가을비'로 자신을 설정한 반전에 의해서 미래의 삶에 대한 확고한 의지 그 역동성을 보여준다.

생명의 근원을 향하여

자연이란 신(神)이 무상으로 내준 모든 목숨의 근원지며 무량한 베풂의 터전이다. 그러나 인간을 비롯해 모든 생명은 그 품에 안기고 기대어 살면서. 자연의 순리대로 혹은 빗나가면서 이해와 오해 사이를 오락가락하며 점차 적응해 나간다. 자연의 품이 넓은 이유다.

시인은 삶의 진정성과 생생한 이미지로 10행 안팎의 단시(短詩)에서조차 사유를 단단한 구조로 보위(保衛)한다. 그의 서정적 자아는 담백한 언어의 미학 또는 절제의 침묵으로도 표현의 공간을 확보해, 충분한 사유와 언어를 축적하고 있다.

시인의 짧은 시가 그의 산문시처럼 만만(滿滿)한 이유다.

> 단풍 내린 밤
> 동구나무 가장귀에 앉아 있다가
>
> 잎 한 장
> 떨어뜨리지 않고
>
> 아침 쪽으로
> 날아간.
>
> — 「새」 전문

시인의 시선은 '새'가 나무의 중심이 아닌 '가장귀'를 찾아서 곱게 밤을 새우고, '잎 한 장'의 낙상(落傷)이나 다른 훼손 없이 '아침'을 향해 '날아간' 것을 포착한다. 자연이 자연을 대하는 예의다. 인간이 자신의 목적을 위해 벌이는 인위적 시위나 강력한 구호보다 아름답고 강한 시의 힘은 정서적 공감대를 형성하는 진실과 함의(含意)에 있음이다.

> 다른 해가 뜨는 소나무 숲 밖으로
> 한 무리 새 떼가 날아오른다
>
> 일순 조용해진 숲에
> 이른 낙조가 둥지를 튼다

소란함이 일상인 숲에는
언제나 이름 모를 새들이 찾아와
낯선 몸을 비빈다

숲에 어둠이 내리고
달빛 차오르면 새들은 서로
그리운 모습이 된다

그러나 숲은 모른다
새들은 어떤 색깔이 되어 흩어질지

어떤 새들이 또 날아들지.
― 「의림지에서 3」 전문

  여기서 의림지는 그의 고향이지만, 지구촌의 한 단면이기도 하다. 갖은 나무들과 온갖 새들이 서로 기대 살다가 때가 오면 이합집산한다. 단지 대가 없이 주는 의림지의 숲과 물, 흙, 하늘, 햇빛과 바람은 자연이다. 이는 자연이 품은 자원이 생명체의 근원임을 말해준다.

기특도 하지
그 민들레 또 올라왔네!
조부모님 묘소 오르는 비탈길에서
어머니가 중얼거리신다

그러자 묘소 바로 아래 풀숲을 가리키며
아버지가 소리치신다
산국화 보시게!

가을엔 산국화가 봄 오면 민들레가
햇볕 고른 부모님 묘소에
한들한들 꽃잎 흔들며 서 있다

이 꽃 좀 봐라!
장마 끝에 큰놈 앞세워 살피러 온 선산
산밤나무 옆 빗물 괸 웅덩이에
구름꽃 한 송이 피어 있다.
- 「꽃자리 2」 전문

 세상은 넓고 꽃은 많다. 모두가 만약 한 꽃에만 집중한다면 그 꽃은 열 띤 시선 속에서 녹아버릴 것이며. 외면당한 꽃들은 생존의 의미를 잃고 시들어 세상은 지루해질 것이다. 골고루 제 몫을 분배받은 자연은 역시 창조주의 만물의 평등과 사랑의 영역이다. '빗물 괸 웅덩이'에서 '구름꽃 한 송이 피'는 것을 볼 줄 아는, 시인의 시선(視線)은 넓게 열려있다. 세상에 널려있는 아름다움은 많다. 그것을 안아주는 대상의 오감 속에서 새롭게 꽃 핀다는 걸 우리가 어찌 모르랴.

산비탈 밟고
아랫동네 굽어보는 파랑대문
장대 떠받쳐 탱탱한
빨랫줄에 속옷 몇 장 팔랑거린다
거울 앞에 앉은 여자
파리한 입술엔 노을 붉었을까
하이힐 두 짝 살 맞비비며
방문 앞에 잠들어 있다
색은 바래도 파랑은 파랑일까
여자의 눈빛은 흔들린다
여름 지나 구절초꽃 꺾어 쥐면
살아갈 날 모두가 살아온 날 아닌가
저녁달이 뜰 거야!
저물녘 푸서릿길 풀벌레들
잠자리를 튼다.

― 「삽화」 전문

'산비탈'에 기대 살아가는 여인의 하루에 시선을 고정하며 섬세한 비유나 의인화로 모든 사물의 동선(動線)을 잡아, 그곳을 삶의 숨결로 꽉 채운다. 거울, 루즈 바른 입술, 하이힐 두 짝에 색과 구절초도 일관(一貫)한다. 그리고 '살아갈 날 모두가 살아온 날'이라는 명구(名句)를 여인 몫으로 넘겨주고, '저녁달이 뜰 거야!'라는 위안과 희망까지 건넨다. 삶 자체는 축복이다. 시인의 눈길을 따라가며 범인(凡人)의 일상이 더욱 소중해진다.

> 퍼붓는 눈발
> 겉옷 하나 걸치고 버티는
> 속 깊은 산이 새하얗게 옷섶이나 날리며
> 딴전 피우는 콧대 높은 바다가
> 소한 추위 무서워 붙어산다
>
> 녹빛 그림자 늘여
> 산이 제 눈길 거둬들일 때
> 갈매기 울음소리 바다가 낚아채면
> 고향 없는 사람들
> 파도자락 쥐고 하루를 지운다
>
> 저녁을 밝혀
> 눈꽃 닮은 아낙 길손 찾아 앉히고
> 목깃 내린 나그네 비운 잔 다시 채우면
> 그리움에 뜬 섬
> 산 넘는 노을이 철없이 곱다.
>
> — 「겨울 속초」 전문

 이번엔 산 아닌 바다를 붙들고 사는 사람들 얘기다. 산과 바다는 대조적 환경임에도 가까이 살붙이고 산다. 장엄한 대자연 앞에 서보라. 바람으로 스치는 신(神)의 옷깃을 만질 때가 있다. 자연이 인간의 이해를 넘어서는 순간이기 때문이다.
 산이 어스름에 누울 때 바다가 고향 없는 사람들에게 갈매기 울음소리를 낚아채 보내면, '고향 없는 사람들/ 파도자락 쥐고 하루를' 마감한다. 이때 저녁을 밝히며 나누는 한 잔은 '산 넘는 노을'이고 '그리움에 뜬 섬'으로 고향 없는 사람들이 일에 빼앗긴 하루를 되찾아오는 소소한 행복이다.

사랑, 그 영원성의 화법

"사랑에는 문이나 빗장도 없다. 그것은 모든 것의 내부를 관통하며 나아간다"고 말한 사람이 있는가 하면, 또 "사랑의 마음에는 모든 것을 포근히 안아줄 힘이 있다. 사랑은 삶의 최후의 진리이며 본질이다"라고 말하기도 한다.

>별빛 어둔 밤
>다시 바닷가 주막이었나
>
>낯익은 주모는 말고
>숨 가쁜 이름을 불러본다
>
>그 바다
>해지면 섬 하나 솟는가
>
>꽃 떨군 동백
>나는 파도의 울음소리였는가.
>―「다시 바닷가 주막」 전문

어차피 홀로 찾아간 바다다. '바닷가 주막'이다. 사위는 어둠과 망망대해 그 속에서 비로소 떠오르는 '섬 하나', 거기에 '동백'이 꽃을 피웠었는데⋯ 지금 어떤 기도, 어떤 주술로도 불러올 수 없는 섬 그리고 동백꽃이다.

동백꽃보다 붉은, 시인의 주먹 같은 눈물이 떨어지는 밤바다의 신음을 듣는다.

> 뿔고둥 불면서 고요한 바다의 마음이 되어야 한다고 다음날은 견뎌야 할 급소를 짚어주며 작살은 첫발이 중요하다고 뱃머리에 올라서서 상어를 부르는 노래를 불러야 한다고 마지막 날에 숨죽이던 상어는 목소리 떨리는 노랫소리에 마음을 연다고 아이가 아버지 되면 가르치리라 작살에 몸 맡긴 상어가 파도를 탈 땐 힐끗힐끗 눈물 그렁한 바다를 훔쳐보아야 한다고⋯⋯
>
> 죽어도 좋으리
> 네게 돌아갈 수만 있다면
>
> 비워둔 바다 파도를 달래는 뿔고둥 소리
> 달빛에 묻어 온다.
>
> ― 「샤크콜러」 전문

첫 연은 아들에게 일러주는 '사랑법'이다. 상어 급소를 향한 작살의 첫발의 중요성, 그러나 힘보다 더 짙은 노래의 정서로 마음을 열기를. 마지막은 공감한 '상어가 파도를 탈' 때 그 뒤에서 '눈물 그렁한 바다'도 보아줄 것을. 바라보기만 하는 사랑이 어찌 아프지 않겠는가.

뿔고둥 소리 묻어나는 달빛 아래, 빈속을 몇 겹의 파도로 철석거리는 밤바다 앞에서 왜 자꾸 숙연해지는 것일까.

> 잘
> 있느냐
>
> !
>
> 물 아래로
> 뜬
>
> 달
>
> 안부만 묻고
> 가신다.
>
> ─ 「개울가에서」 전문

지금은 그냥 스친다. 손 내밀어 닿을 듯 그러나 수심(水深)을 헤아릴 수 없는 저 깊이와 잔물결에 휩싸인 '달'은 멀다.

"보이지 않는 사랑은 보이는 사랑보다 깊고 맑다" 우찌무라 간조오의 말이 떠오른다.

    마주 앉아
    석쇠에 수입 쇠고기 뒤집으면서
    그렁저렁 말을 많이 했다

    떨어져 부서지는 물방울처럼
    아들은 마음이 아프다며 흥분했고
    그 물받이처럼 나는
    뼛속까지 울린다고 맞받았다

    술 몇 잔 급히 삼키면서
    아들은 어찌 갈지 모르겠다며 눈시울 붉혔고
    어찌 왔는지 모르겠다고
    나는 진저리쳤다

    그러다가
    소주 한 병 더 시키면서 쏟아진
    마지막 몇 마디들
    어지간히 취한 술잔에 구겨 밀어 넣고

    서로 얼굴 돌리며 나도
    또 아들도
    스멀스멀 웃었다.

                                   - 「화해」 전문

부모, 자식 간에 말로 못을 박고도, 아직은 서로 박은 못을 빼주는 시대에 놓인 건 다행이다. 제2연에서 아들의 '떨어져 부서지는 물방울'과 '그 물받이처럼' '뼛속까지 울린다'는, 부자 사이에 고조됐던 갈등에 주목한다. 그런데 물방울과 물받이라는 객관적 상관물과 '마지막 몇 마디들/ 어지간히 취한 술잔에 구겨 밀어 넣고'라는 관념의 감각화에 의해 우리는 단번에 시인과 체험적 공감을 나누는 사이가 된다. 이것이 바로 개념어로는 전달되지 않는 시적 언어에 대한 정서적인 반응이다.

　시인의 고향 부근, 30년 근무지인 대학 인근의 의림지를 출발해, 시인 삶의 발자취를 따라갔던 시집 『회향』의 시간을 돌아본다. 그의 시집의 첫 장에서 청와 한 마리가 탁발승으로 세상을 떠돌다가 자기 존재의 근원을 찾아 의림지로 회향한, 그 발 아픈 행로에 끝없이 따라붙은 것은 가슴에서 솟구치는 삶의 노래, 시(詩)다.
　우리의 삶이란 자연 안에서 시간과 장소에 따른 신과 인간 및 만물 이 모든 것과 만남과 이별 그리고 그로 인해 얻는 오해와 이해 또는 기쁨과 슬픔일 것이다. 고향, 존재의 뿌리를 찾아갔던 시인의 품은 훨씬 넓어지고, 그로부터 자연과 신과 사람의 사랑을 더 깊고 따뜻이 품은 것을 볼 수 있다.

존재근원을 찾아가는 생명에 대한 그의 삶의 인식과 성찰은 무엇이었을까. 삶이란 인간 존재의 끝없는 물음과 답이고, 그것은 삶이 다하는 날까지 계속될 인간의 화두일 것이다. 파스칼 키냐르는 "자연에서 단편(斷片)들은 존재하지 않는다. 가장 작은 조각도 나름대로 전체이다. 부스러기 하나하나가 나름대로 전체이다. 부스러기 하나하나가 우주이다"라고 말한다. 이제 시인은 뜨거운 여름을 지나 지금 가을 앞에 머물러 고요히 상념에 잠긴다.

꽃 집니다

비 오고 나비 떠난 날

꽃대들

마른 팔 풀고 잡았던 손 놓았습니다

달도 없는 밤

꽃송이 다 떨구고 고추 선

저 고요.

-「시 쓰는 밤」 전문

파스칼 키냐르는 또 말한다. "꽃들은 그 해(年)밖에는 살지 못하니 꽃들은 현재 진행 중인 옛날에서 수액을 길어 올린다. 사람과 꽃의 성장과 심장을 박동시키는 수액은 시간과 관련된 시간이다"라고.

시는 무엇인가. 박영배 시인의 눈에 잡히는 무엇은 모든 물상과 마주친 바로 그때(時)다. 시인이 시를 만날 때, 신과 자연과 인간 그 근원적 존재를 통해서 그 뒤안길, 또 하나의 존재근원인 시간의 뿌리를 보고 있다. 목숨 있는 자, '잡았던 손'을 놓을 때가 온다. 그는 꽃대가 자신의 얼굴, 영광스럽던 꽃송이를 떨구고 비움으로 '고추 선/ 저 고요'를 바라본다. 그에게 시(詩)란 그가 걸어야 할 시간의 길(道)이다.

시대적 불안에 고갈되어 가고 있는 인간성의 회복을 위해서, 앞으로도 꾸준히 결 바르고 맛깔나는 언어로 닦아갈 그의 시 세계를 기대한다.